Petra Hoffmann

Trend-Kissen nähen

Creative Ideen aus Plüsch, Filz, Seide, Fell & Co

OZ creativ

Petra Hoffmann ist erfolgreiche Designerin. Hier präsentiert sie ein Buch für Näheinsteiger und Profis, die nach neuen Ideen suchen

VORWORT

Liebe Leserinnen, liebe Leser,

dieses Kissenbuch ist ein Muss für alle Kissenfreunde, Kuschelmonster und Wohlfühlliebhaber. Individuelles Sitzen, Lümmeln und Liegen im geschmackvoll abgestimmten Zuhause wird hier geboten. Ein Buch für kreative Näheinsteiger, die schnelles, ergebnisorientiertes und Erfolg versprechendes Handeln lieben. Hier braucht es einfach nur den richtigen Stoff, schon können Sie in weniger als einer halben Stunde mit dem ein oder anderen Kissen gemeinsam auf dem Sofa kuscheln. Ist der Anfang erst einmal gemacht, verfallen vielleicht auch Sie einem Nähvergnügen der besonderen Art. Während sich Prinzessinnen dem rosa Wollrausch hingeben, träumen die Exoten schon im Orientexpress, moderne Romantiker können auf gestickten Blumenwiesen verweilen, während sich Filzfans farbenfrohe Ornamente mit der Zackenschere erobern. Selbst wilde Tierfellkissen lassen sich mit einem Reißverschluss in zahme Flauschoasen verwandeln. Und wem das noch nicht reicht, der kann seine Kissen sogar auf die Spitze treiben.
Da bleibt nur eines zu wünschen, viel Spaß und …

auf die Kissen, fertig, los!

INHALT

✦ = *einfach* ✦✦ = *mittel* ✦✦✦ = *etwas aufwändiger*

Stoff aus Wollfäden

TIPP

Soluvlies ist eine tolle Sache! Dieses Zaubervlies lässt sich leicht verarbeiten und löst sich nach getaner Arbeit einfach unter fließendem Wasser auf. Es lassen sich sowohl mit einem übrig gebliebenen Wollknäuel des letzten selbst gestrickten Pullis, als auch mit farblich aufeinander abgestimmten Stoffresten ganz persönliche Unikate fertigen. Experimentieren Sie einfach mal!

TIPP

Mit folgender Verarbeitung lassen sich noch andere tolle optische Wirkungen erreichen. Benutzen Sie Stoff als Trägermaterial, verteilen Sie die Wolle wild abgewickelt darauf und decken das Ganze mit Soluvlies ab. Feststecken, aufnähen und auswaschen – schon haben Sie ein neues Ergebnis.

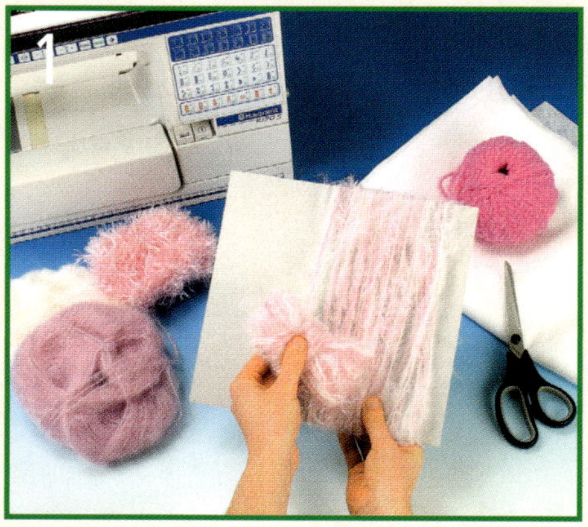

MATERIAL

- Soluvlies
- verschiedene Wollsorten
- Pappe

1. Eine Pappe etwas größer (ca. 2 cm ringsum) zuschneiden als das gewünschte Kissenformat. Die Pappe mit Wolle dicht, aber locker, umwickeln. Dabei kann jeder Wollfaden einzeln genommen werden oder auch gleichzeitig mehrere.

2. Zwei Lagen Soluvlies zuschneiden - das Format etwas größer wählen als die gewickelte Wollfläche. Die Wollfläche jetzt vorsichtig, damit die einzelnen Fäden nicht verrutschen, von der Pappe auf eine Lage Vlies schieben. Dann mit der zweiten Lage Soluvlies abdecken. Mit Stecknadeln die drei Schichten zusammenstecken.

3. Mit der Nähmaschine alle drei Flächen ungefähr zweifingerbreit aneinander nähen. Unbedingt darauf achten, dass quer zur Wollwickelrichtung genäht wird. Der Abstand zwischen den Stepplinien kann beliebig gewählt werden; je größer der Abstand, desto lockerer wird die Fläche.

4. Ist alles zu einer Fläche fertig vernäht, wird das Vlies vorsichtig, aber gründlich, unter laufendem Wasser ausgewaschen. Die nasse Fläche vorsichtig auswringen. Danach einfach trocknen lassen oder, wenn es schneller gehen soll, mit dem Föhn trocknen.

TIPP

Bei Verwendung von Mohairwolle oder anderen faserigen Garnen, die fertige Fläche vorsichtig bürsten; so entsteht eine flauschigere Oberfläche. Ruhig ein wenig mit verschiedenen Fäden und Materialien experimentieren – mit Soluvlies lassen sich die ungewöhnlichsten Kombinationen kreieren.

Reliefsticken

MATERIAL

- Stickrahmen
- Stickgarn
- EBI-Reliefsticknadel
- Textilkleber
- Papierschablone

1. Das Garn laut Herstellerangaben in die Sticknadel fädeln.

2. Die Motiv-Vorlage auf Papier kopieren und mit einem Cutter auf einer Schnittunterlage ausschneiden. Das Muster auf die Rückseite des Stoffs übertragen.

3. Nun den Stoff mit der Rückseite nach oben in den Stickrahmen einspannen. Je fester der Stoff gespannt ist, umso leichter lässt sich die Nadel in den Stoff stechen. Jedes einzelne Motiv aussticken, dabei immer von links nach rechts arbeiten. Wenn die Richtung auf der Stoffvorlage geändert werden soll, muss die Vorlage so gedreht werden, dass wieder von links nach rechts gearbeitet werden kann. Danach die Nadel absetzen, den Faden abschneiden und das nächste Element ausarbeiten. Am Ende alle Motive von der Rückseite mit Textilkleber verkleben.

4. Nachdem der Kleber gut getrocknet ist, kann die Arbeit gewendet werden. Die auf der Vorderseite entstandenen Schlingen mit der Schere aufschneiden. Die Büschel gleichmäßig auf ungefähr 3 mm kürzen. So entsteht ein gleichmäßiger, fast samtartiger Flor.

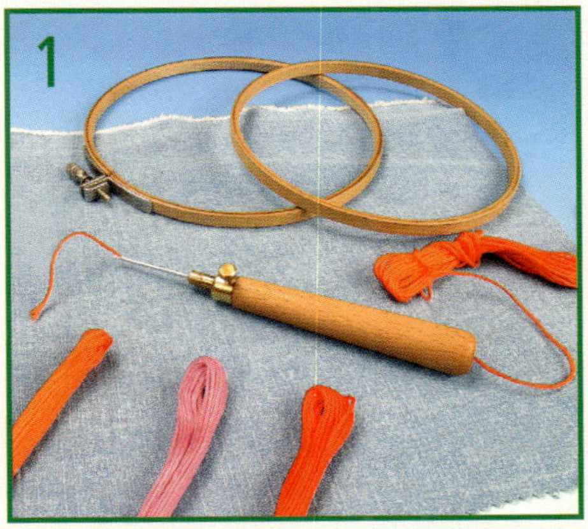

WICHTIG

Das folgende Werkzeug sollte für alle Modelle zur Verfügung stehen, wird aber in den Anleitungen nicht noch einmal gesondert aufgeführt:

- *Nähnadeln*
- *Stecknadeln*
- *Stoffschere*
- *kleine Schere*
- *Zackenschere*
- *Heftgarn*
- *Bleistift*
- *Lineal*
- *Maßband*
- *Schnittpapier*
- *Nähmaschine*

Filzapplikationen

HINWEIS

Vor dem Aufbügeln des Vliesofix immer noch mal versichern, dass die Klebeseite zum Filz hin zeigt, sonst kleben die Motive am Bügeleisen statt am Stoff. Und das wäre doch zu ärgerlich!

TIPP

Filz kommt schön erhaben auf einem Kissen zur Geltung. Ganz individuelle Ergebnisse entstehen aber auch mit Brokatstoffen oder anderen etwas dickeren, strukturierten Geweben.
Bei Raumausstattern gibt es oft ausrangierte Musterbücher, in denen man nach Herzenslust schwelgen kann und sich am Ende auch noch das Lieblings-Stoffstück mit nach Hause nehmen darf.
Bei Applikationen mit dem Bügeleisen, ist natürlich auch immer darauf zu achten, dass der Stoff Hitze verträgt.

MATERIAL

- Filz
- Papierschablone
- Cutter
- Zackenschere
- Vliesofix
- Bügeleisen

1. Zunächst wird die Vorlage in der gewünschten Größe auf ein Blatt Papier kopiert. Dieses Muster auf eine schnittfeste Unterlage legen und mit dem Cutter freistellen bzw. ausschneiden.

2. Vliesofix auf die Rückseite des Applikationsstoffs, in diesem Fall Filz, bügeln. Die Klebeseite zeigt dabei nach unten (zum Filz hin), die Papierseite nach oben.

3. Die Papierschablone wird nun mit einem Stift auf die Papierseite des Vlieses übertragen. Am besten vorher mit einigen Stecknadeln an den Ecken feststecken, damit nichts verrutscht. Danach das Motiv an der äußeren Kontur mit der Zackenschere, im Innenbereich mit dem Cutter ausschneiden. Wer keine zackigen Konturen mag, der bearbeitet alles mit dem Cutter.

4. Die Papierschicht der ausgeschnittenen Filzmotive abziehen. Dann die einzelnen Komponenten des Motivs auf dem Filz arrangieren, und mit dem Bügeleisen fixieren. Die Temperatur des Bügeleisens auf mittlere bis hohe Temperatur einstellen, damit sich die beiden Stoffe gut verbinden.

Fransen und Glöckchen

Fransen

MATERIAL

- Durchsichtiger Organza
- (Metall-)Lineal
- Stift
- Schere

1. Mit dem Lineal diagonal zur Webkante alle 12 cm parallele Linien auf dem Stoff einzeichnen. (Ein schweres Metalllineal eignet sich hierfür besonders gut, da der Stoff darunter nicht verrutscht.) Der so entstehende schräge Fadenlauf ist Grundvoraussetzung für diese Verarbeitung und vor allem für den Franseneffekt.

2. Den Stoff in Streifen schneiden und die Ränder über eine Breite von 3 cm ausfransen. Dabei immer etwas unter Spannung arbeiten, so entstehen leichte Wellen.

Glöckchen

MATERIAL

- Stoffreste
- Kreisschablone oder Untertasse in geeigneter Größe
- Zackenschere
- Stift
- Nähnadel
- Faden

1. Mithilfe einer Untertasse oder einer Pappscheibe zwei Kreise mit 12 cm Ø auf den Stoff zeichnen. Dann mit der Zackenschere ausschneiden und die Kreise übereinander legen. Die beiden Stofflagen zunächst zu einem Halbkreis, dann zu einem Viertelkreis falten.

2. Die offene Kante mit Nähnadel und Faden schließen. Zum Schluss das Innenleben des Glöckchens auseinander fächern.

TIPP

Vor Beginn bitte immer die ganze Anleitung durchlesen, um später nicht feststellen zu müssen, dass das ausgesuchte Kissen doch noch etwas zu schwierig ist. Auch können so auftauchende Unsicherheiten gleich beim Stoffkauf von einer fachkundigen Verkäuferin geklärt werden.

TIPP

Kissenfüllungen, die so genannten Inletts, gibt es oft sehr günstig im Handel. Sollte nicht die gewünschte Größe vorrätig sein, nehmen Sie einfach ein etwas größeres Kissen, trennen es auf und entnehmen etwas von der Füllung. Im passenden Format an zwei Seiten absteppen, den überschüssigen Stoff wegschneiden und schon hat es die richtige Größe.

Eine edle Kombination: matt glänzender Jacquard in Rot und Pink mit goldenen Quasten

Orientkissen

Größe

40 x 70 cm

Schwierigkeitsgrad

◆◆

Tausend und eine Nacht

Das sind die Stoffe aus denen Träume sind. Mit Nadel und Faden, Perlen und Quasten in das Reich von tausend und einer Nacht entschwinden. Das geht leichter als es aussieht, denn der Stoff hat es schon längst in sich. Die eingelegte Falte verdichtet das Muster und macht es noch aussagekräftiger.

MATERIAL

- 60 cm glänzender Jacquardstoff, 140 cm breit
- 1 Reißverschluss, 30 cm
- 2 große Goldquasten
- 8 kleine Goldquasten
- Pailletten in Rot und Pink
- Rocailles in Orange und Rot
- Tropfenperlen in Orange
- Wachsperlen in Dunkelrot
- Inlett, 40 x 70 cm
- Zackenschere

SO WIRD ES GEMACHT

1. Die Schnittmaße (2 cm Nahtzugabe ist bereits eingezeichnet) auf den Stoff übertragen und mit der Zackenschere ausschneiden, so braucht die Naht nicht versäubert zu werden.

2. Über die Längsseite des Stoffs eine 7 cm tiefe Falte einlegen, damit das Muster dichter zusammenrückt. Diese Falte mit Stecknadeln feststecken.

3. Die acht kleinen Goldquasten gleichmäßig in der Falte verteilen und mit einer Wachsperle und einer Rocailleperle oberhalb der Falte festnähen. Hierbei auch gleich an diesen Stellen die Falte schließen.

4. Nun nach eigener Fantasie den Stoff mit Perlen und Pailletten besticken.

5. Den Stoff rechts auf rechts zusammenlegen und die Nähte schließen, dabei für die Öffnung an der kurzen Seite einen 30 cm langen Schlitz frei lassen.

6. Die Nahtzugabe an den Ecken auf einen halben Zentimeter zurückschneiden und die Naht auseinander bügeln.

7. Die Kissenhülle wenden, den Reißverschluss einheften und feststeppen.

8. Abschließend die zwei großen Goldquasten an den oberen Zipfeln annähen. Das Inlett einschieben.

TIPP

Damit sich die Hülle später auch schön um das Kissen legt, ist es ratsam die eingelegte Falte mit einem Blindstich von Hand auf der Rückseite über die ganze Länge zu fixieren. So kann sie nicht mehr aufspringen.

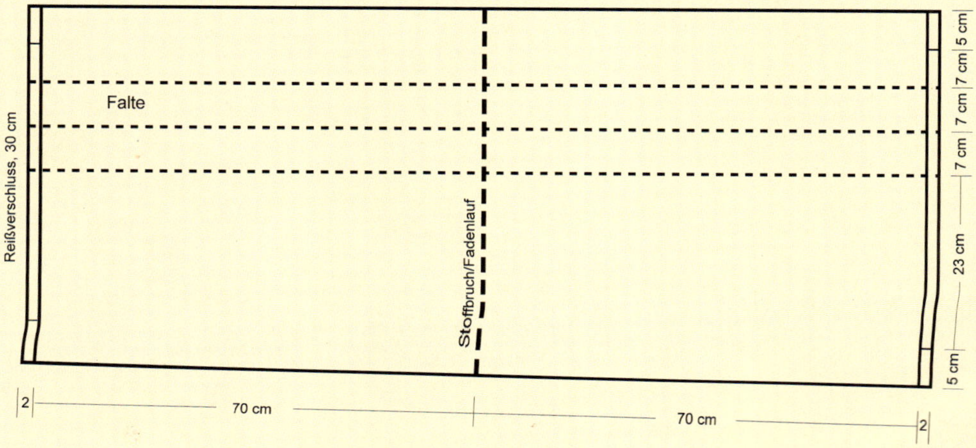

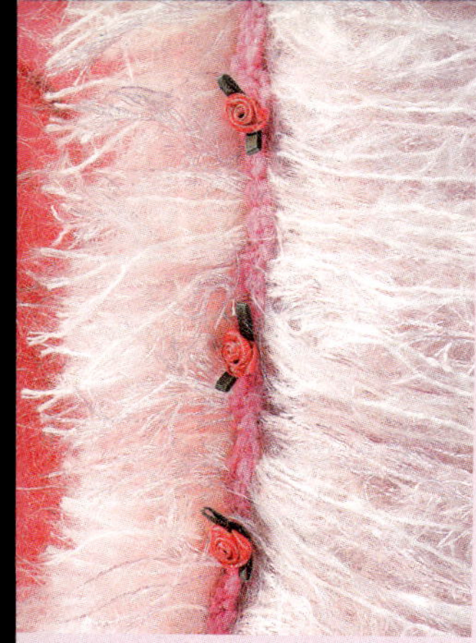

Winzige Stoffröschen betonen den filigranen Charakter dieses Kissens

Rosa Mohairkissen

Größe

35 x 35 cm

Kissen mit Röschen

Größe

36 x 24 cm

Schwierigkeitsgrad

◆◆◆

Rosarot zum Kuscheln

Vielleicht müssen Prinzen heute nicht mehr hundert Jahre warten, bis sie ihre Prinzessin erlösen können. Eines ist jedoch sicher, einmal küssen reicht längst nicht mehr. Bis es soweit ist, findet sie bestimmt Zeit, diese Zauberkissen zu wickeln und zu nähen.

MATERIAL

Rosa Mohairkissen:

- 50 cm Baumwollstoff Rot-Weiß-kariert, 140 cm breit
- 1 Knäuel Mohairwolle in Rosa
- 1 Knäuel Chenillegarn in Pink
- feste Pappe, 38 x 38 cm
- 80 cm Soluvlies
- 4 Perlmuttknöpfe
- 1 Inlett, 35 x 35 cm

Kissen mit Röschen:

- 50 cm Satin in Rosa, 140 cm breit
- 1 Knäuel Mohairwolle in Rosa
- 1 Knäuel Mohairwolle in Weiß
- 1 Knäuel Effektgarn in Rosa
- 80 cm Soluvlies
- 10 Stoffröschen in Pink
- 3 Knöpfe in Rosa
- feste Pappe, 36 x 24 cm
- Pinsel
- Textilkleber
- 1 Inlett, 36 x 24 cm

SO WIRD ES GEMACHT

Rosa Mohairkissen

1. Den Stoff rechts auf rechts zur Hälfte legen und den Schnitt von Seite 45 maßstabsgetreu auf den Stoff übertragen. Mit ringsum 1 cm Nahtzugabe zuschneiden.

2. Für die Knopfleiste 1 x 1 cm und 2 x 2 cm an Vorder- und Rückteil umbügeln, dann absteppen und an einem Teil Knopflöcher arbeiten.

3. Nun zunächst für die Wollfläche die Pappe zweifädig dicht, aber locker, mit Mohairwolle umwickeln. Danach noch eine Schicht Chenillegarn im Abstand von ungefähr 3 cm um die Pappe wickeln.

4. Die Wollfläche dann von der Pappe auf ein 40 cm x 40 cm großes Stück Soluvlies schieben und mit einem zweiten, gleich großen, Stück abdecken. (Siehe Grundkurs Seite 6). Die Flächen werden mit Nadeln zusammengesteckt und unter der Nähmaschine abgesteppt. Die Nähte verlaufen entgegen der Wollwickelrichtung, der Abstand beträgt ca. 5 cm.

5. Ist das Vlies zur Fläche vernäht, das Ganze unter fließendem Wasser vorsichtig auswaschen. Zurück bleibt die Wollflächen. Diese gut trocknen lassen.

6. Jetzt die Wollfläche zwischen die zwei Lagen Stoff legen, mit Stecknadeln zusammenstecken und die Nähte steppen.

7. Die Hülle wenden, das Inlett einschieben und die Knöpfe annähen.

Kissen mit Röschen

1. Den Satin laut Schnitt von Seite 45 mit rundum 1,5 cm Nahtzugabe zuschneiden. Für die Knopfleiste an der langen Kante die Nahtzugabe und 2 x 2 cm umbügeln und absteppen. Das Teil zur Hälfte legen (dies ergibt 25 x 37 cm), und die Längs- und eine Quernaht absteppen. Die Hülle wenden.

2. In eine Leiste verteilt 3 Knopflöcher einarbeiten und die Knöpfe annähen.

3. Für die Wollfläche die Pappe 4-fädig (zweimal Mohairwolle in Weiß, einmal Mohairwolle in Rosa und einmal Effektgarn in Rosa), dicht, aber locker, umwickeln.

4. Die Wollfläche dann von der Pappe auf ein 40 x 40 cm großes Stück Soluvlies schieben und mit einem zweiten, gleich großen Stück abdecken. (Vorgehensweise siehe Grundkurs Seite 6.) Die Wollfläche samt Vlies mit Stecknadeln zusammenstecken, dann rechts und links an beiden Seiten, mit 5 cm Abstand zu den Außenkanten, absteppen.

5. Entlang der Steppnaht mit einem Pinsel Wasser auf das Vlies auftragen, damit sich dieses herauslösen lässt. Die Wollschlaufen an den Rändern aufschneiden, so ergeben sich die Fransen. Die Steppnaht wird mit zwei Fäden Chenille mit Steppstichen von Hand übernäht.

6. Zum Schluss mit Textilkleber die Stoffrosen aufbringen. Diesen Wolldeckel von Hand mit kleinen Stichen auf die Satinhülle nähen.

Ohne viel Aufwand wird das Kissen einfach übergeschlagen und mit Bändern verknotet

Asiatische Inspiration

Größe

35 x 42 cm

Schwierigkeitsgrad

◆

Land des Lächelns

Nein, es handelt sich nicht um das Rückenkissen einer japanischen Geisha. Obwohl die Assoziation durchaus gewollt ist. Sehr anschmiegsam und edel unterstützt der glatte Asia-Jacquard diesen Eindruck noch. Ob sie sich wohl darüber freuen würde? Die Geisha?

MATERIAL

Für die Hülle:

- 0,65 m Jacquardstoff mit Asiamotiven, 90 cm breit
- 1,5 m Samtband in Türkis, 1,5 cm breit
- Zackenschere

Für das Inlett:

- 0,40 m weißen Baumwollstoff, 140 cm breit
- Zauberwatte

SO WIRD ES GEMACHT

1. Den Schnitt auf die linke Seite des Asiastoffs übertragen und mit 2 cm Nahtzugabe mit der Zackenschere zuschneiden.

2. Das Samtband in vier gleich lange Stücke schneiden. Die Markierungspunkte zum Annähen des Bandes auf die rechte Seite des Stoffs übertragen. Zwei Bänder annähen. Die linke Seite der Bänder zeigt dabei nach oben.

3. Den Stoff rechts auf rechts längs zur Hälfte zusammenlegen und der Länge nach sowie eine Schmalseite absteppen. Die Hülle wenden.

4. Für das Inlett auf den Baumwollstoff zwei Rechtecke mit je 33 x 40 cm aufzeichnen und mit 1 cm Nahtzugabe ringsum zuschneiden.

5. Die Teile aufeinander steppen, dabei eine ca. 15 cm lange Öffnung zum Wenden frei lassen. Das Inlett wenden, mit Zauberwatte befüllen und die Öffnung von Hand schließen. Das Inlett in die Kissenhülle schieben.

6. Zum Schluss an der offenen Kante eine Nahtzugabe von 2 cm nach innen umbügeln. Die Samtbänder mit Stecknadeln an die markierten Stellen stecken und annähen. Dann die Kante von Hand mit kurzen Hohlstichen zunähen.

7. Die Bänder verknoten und auf die gewünschte Länge kürzen.

TIPP

Manche Samtbänder neigen dazu auszufransen. Dies lässt sich ganz einfach dadurch verhindern, indem die Enden ganz vorsichtig mit etwas Textilkleber bestrichen werden.

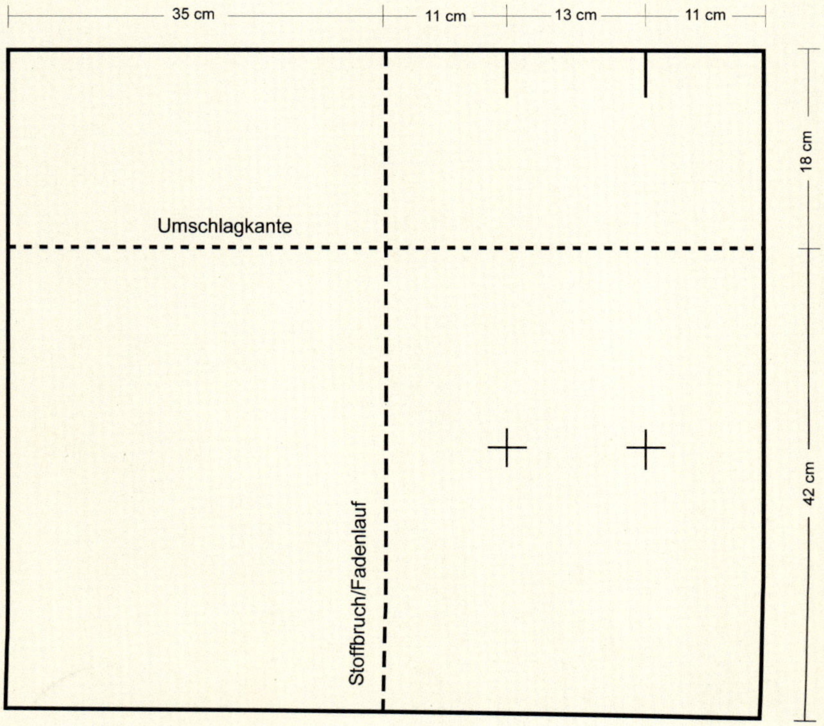

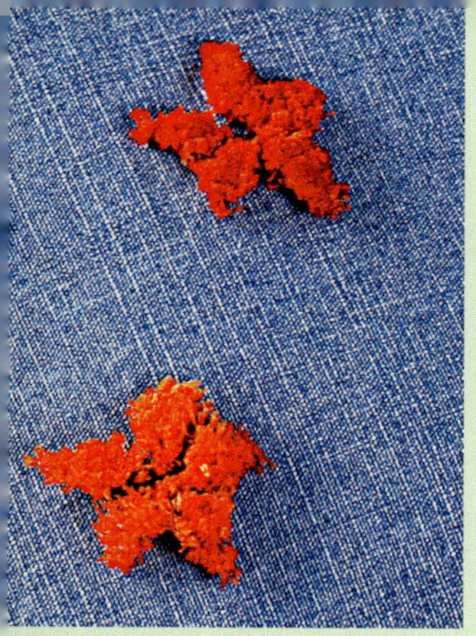

Schön plüschig heben sich die gestickten Blumen vom festen Jeansgrund ab

Lasst Blumen blühen

Reliefartig, samtig weich blühen Blumen auf diesem Jeanskissen, für das durchaus auch die ausgediente Lieblingsjeans recyclet werden kann. Eine alte Technik, neu entdeckt, macht's möglich. So lassen sich auch Stickgarnreste bestens verwerten.

Jeanskissen

Größe

32 x 20 cm

Schwierigkeitsgrad

◆◆◆

MATERIAL

- 0,50 m Jeansstoff, 140 cm breit
- Sticktwist in Orange, Rot, Gelb, Grün und Blau (1 Strang mit 8 m Lauflänge reicht für 2 Blüten)
- Stickrahmen
- 1 EBI-Sticknadel
- festes Papier
- Cutter
- Schneideunterlage
- Textilkleber
- Zauberwatte

SO WIRD ES GEMACHT

1. Auf die Rückseite des Stoffs 2 Rechtecke von 36 x 24 cm aufzeichnen, dabei für das spätere Rückteil ringsum 2 cm und für das Vorderteil 5 cm Nahtzugabe anzeichnen. So lässt sich das Vorderteil besser in den Stickrahmen einspannen. Die beiden Teile ausschneiden.

2. Das Blütenmuster auf ein etwas stärkeres Papier kopieren und mit dem Cutter auf einer Schnittunterlage ausschneiden. (Siehe Grundkurs auf Seite 7.) Die Blüten in beliebiger Anordnung auf die Rückseite des Stoffs mit einem Stift übertragen.

3. Die Sticknadel laut mitgelieferter Anleitung einfädeln. Den Stoff in den Webrahmen einspannen - gestickt wird auf der Rückseite. Jedes Blütenblatt mit neuem Faden arbeiten.

4. Nachdem alle Motive ausgearbeitet sind, diese auf der Rückseite mit Textilkleber verkleben. Nach dem Trocknen des Klebers die Arbeit wenden und die auf der Vorderseite entstandenen Schlingen mit der Schere aufschneiden. Die Blüten gleichmäßig auf ca. 3 mm kürzen; so entsteht ein gleichmäßiger, samtartiger Flor.

5. Nun die Nahtzugabe der Vorderseite auf 2 cm zurückschneiden. Vorder- und Rückseite des Kissen rechts auf rechts aufeinander legen, feststecken und ringsum die Nähte schließen, dabei an einer Seite eine ca. 15 cm lange Öffnung zum Befüllen offen lassen. Die Nahtzugabe in den Ecken zurückschneiden und das Teil verstürzen.

6. Das Kissen mit Zauberwatte füllen. Die Nahtzugabe der offenen Seite nach innen bügeln und die Naht von Hand mit Hohlstichen schließen.

7. Abschließend mit Stickgarn ca. 1 cm vom Rand entfernt mit großen Vorstichen das Kissen umnähen.

Der Faden der beidseitig angebrachten Knöpfe wird stramm zusammengezogen

Matratzenkissen

Größe

40 x 40 x 6 cm

Schwierigkeitsgrad

◆◆

Quadratisch, praktisch ...

Werden es manchmal mehr Besucher als erwartet, steht mit diesen Matratzenkissen einer gemütlichen Runde am Boden nichts mehr im Wege. Zu schön, um sie, nachdem die Freunde wieder gegangen sind, einfach im Schrank zu verstauen.

MATERIAL

Blaues Kissen:

- 0,50 m Dupionseide in Blau bestickt, 120 cm breit
- 0,5 m Nessel, 140 cm breit
- 8 Metallknöpfe zum Selbstbeziehen
- 1 Inlett, 40 x 40 cm

Lila-changierendes Kissen:

- 0,50 m Dupionseide in Lila-Blau changierend, 120 cm breit
- Füllung aus einem alten Kissen
- 2 Metallknöpfe zum Selbstbeziehen
- 1 Inlett, 40 x 40 cm

SO WIRD ES GEMACHT

1. Den Schnitt auf die Rückseite der Dupionseide übertragen und mit 2 cm Nahtzugabe zuschneiden.

2. Den Stoff an der Bruchlinie rechts auf rechts legen und feststecken. Beide sich gegenüber liegende Kanten absteppen (nicht gegenüber dem Bruch).

3. Die Nähte auseinander bügeln und dabei die Enden so bügeln, dass jeweils eine (Brief-)Ecke entsteht. An den Ecken nun von der Spitze 3 cm auf der Seitennaht entlang nach unten abmessen. Dann an diesem Punkt quer über die Seitennaht eine Linie anzeichnen und absteppen. Dies ergibt die 6 cm hohen Stege an den Ecken der Matratze. Das entstandene Dreieck bis auf 1 cm Nahtzugabe abschneiden. Die noch offene Seite rechts und links jeweils 10 cm schließen. Und auch hier, wie oben beschrieben, die gleichen Ecken arbeiten.

4. Für das Inlett das Ganze mit dem Nessel wiederholen.

5. Das Inlett mit der alten Kissenfüllung ausstopfen und die offene Naht schließen.

6. Die Kissenhülle wenden. Das Inlett einlegen und die offene Naht von Hand mit Hohlstich schließen.

7. Die Knöpfe wie in der Anleitung, die der Verpackung beiliegt, beschrieben beziehen. Knöpfe auf dem Kissen anordnen und annähen. Dabei liegen sich stets zwei Knöpfe auf der Vorder- und Rückseite gegenüber und werden durch alle Stofflagen hindurch aneinander genäht. Die Knöpfe fest zusammenziehen, nur so entstehen die Vertiefungen im Kissen.

TIPP

Wer mag, kann, statt die letzte Naht von Hand zu schließen, an dieser Stelle auch einen Reißverschluss einnähen. So kann der Bezug auch zum Waschen abgenommen werden. Allerdings müssen dann auch jedes Mal die Knöpfe wieder neu befestigt werden.

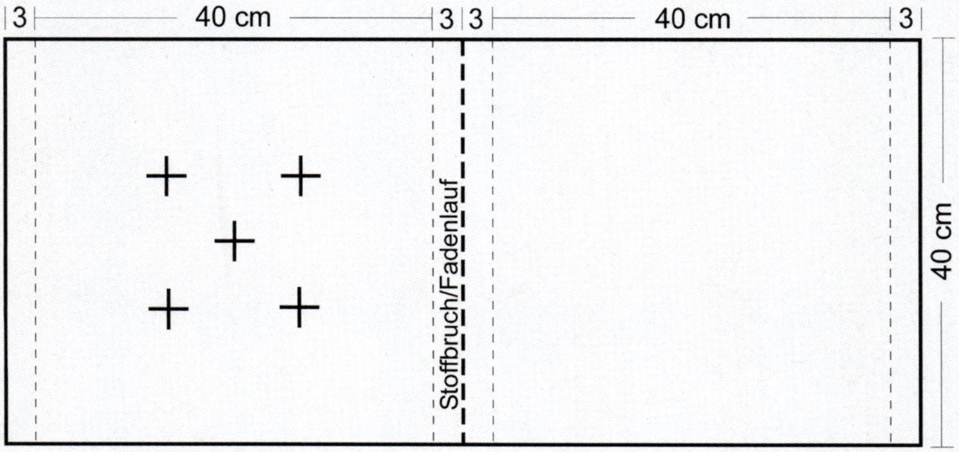

Ein Zackenrändchen ringsum reicht völlig bei Filz, da er nicht ausfranst

Ornamentkissen

Größe

40 x 40 cm

Schwierigkeitsgrad

◆◆

Filz, Filz, Filz

Ein Trend und kein Ende: Wohlfühlfilz, zum Sitzen und Wohnen. Der ideale Bluff für Nähanfänger, denn nähen muss man hier nun wirklich nicht können; einzig ein wenig Geschick an der Schere ist gewünscht. Und weil es soviel Spaß macht, gibt es das Ganze gleich in mehren farbenfrohen Variationen.

MATERIAL

Für ein Kissen:

- pro Vorderseite 2-mal 40 cm x 40 cm Bastelfilz in Rosa, Hellblau oder Orange
- pro Rückseite 40 x 40 cm Designerfilz, 3 mm stark , in Lila
- pro Applikation 40 x 40 cm Bastelfilz, in Rosa, Hellblau oder Orange
- Vliesofix, 40 x 80 cm
- Schneideunterlage
- Cutter oder Rollschneider
- Zackenschere
- Zauberwatte

SO WIRD ES GEMACHT

1. Auf eine Vorderseite der rosafarbenen, hellblauen oder orangenen Filzstücke Vliesofix in entsprechender Größe aufbügeln, dann die zweiten Vorderseite aufbügeln. So wird das Material stabiler und lässt sich leichter verarbeiten.

2. Die Ornament-Vorlage von Seite 44 auf die gewünschte Größe im Copyshop kopieren und auf einer Schnittunterlage mit dem Cutter exakt ausschneiden. Siehe auch Grundkurs Seite 8.

3. Für die Applikation zunächst Vliesofix auf den Filz bügeln. Die Papierschablonen mit einem Stift auf die Papierseite des Vlieses übertragen. Die Ornamente mit der Zackenschere oder (wenn die Kanten gerade sein sollen) mit dem Cutter ausschneiden. Die Papierschicht des Vliesofix' abziehen, die Motive auf der Kissenvorderseite anordnen. Mit dem heißen Bügeleisen fixieren.

4. Das fertig applizierte Filzquadrat auf das Kissenrückteil heften. Drei Seiten mit 0,75 cm Nahtzugabe absteppen.

5. Das Kissen mit Zauberwatte füllen und die offene Seite schließen. Zum Schluss mit der Zackenschere die Vorderseite ringsum sehr vorsichtig nachschneiden.

TIPP

Immer darauf achten, dass die Klebeseite des Vlieses beim Fixieren zum Filz hin zeigt, sonst kleben die Motive am Bügeleisen, nicht am Stoff!

Für das „Babyherz" reichen die Reste des großen und ein Stück bunter Wollstoff

Von Herz zu Herz

Wer sein Herz an einen lieben Menschen verschenken will, wird hier weich landen. Doch auch unverschenkt dient es als kuschelige Unterlage fürs Mittagsschläfchen oder als flauschiges Trostkissen bei Liebeskummer ... Verwendungsmöglichkeiten gibt es unendlich viele für so ein Plüsch-Herz-Kissen.

Herzkissen

Größe
70 x 60 cm
und 28 x 26 cm

Schwierigkeitsgrad
◆◆

MATERIAL

- 0,70 m Plüsch in Pink, 150 cm breit
- 0,50 m Plüsch in Rot, 140 cm breit
- 25 cm Stoffreste in Rot oder Bunt
- 1 Blüte in Rosa
- 1 Blüte in Grün
- Schnittpapier
- Zauberwatte

SO WIRD ES GEMACHT

Großes Kissen

1. Die Schnitte zuerst auf das Schnittpapier übertragen und ausschneiden. Dann das größere Herz jeweils zwei Mal auf der Rückseite des Stoffs mit 2 cm Nahtzugabe aufzeichnen und ausschneiden. Das innere rote Herz ohne Nahtzugabe zuschneiden.

2. Das innere Herz mittig auf die Vorderseite des größeren heften und mit einem dichten Zick-Zack-Stich oder einem anderen Zierstich aufnähen (applizieren).

3. Die fertige Vorder- und Rückseite rechts auf rechts übereinander legen. Nun aneinander steppen, dabei an der geraden Seite eine Öffnung von ca. 20 cm frei lassen. Die Nahtzugabe in den Rundungen in kurzen Abständen einschneiden.

4. Das Kissen wenden und mit Zauberwatte fest ausstopfen. Die Öffnung von Hand mit Hohlstichen schließen.

5. Ein rosafarbenes Blümchen auf dem Kissen platzieren und annähen.

Kleines Kissen

Wie das große Kissen arbeiten, jedoch das innere Herz aus buntem Stoff zuschneiden und für die Öffnung nur ca. 10 cm frei lassen. Das grüne Blümchen aufnähen.

TIPP

Flauschstoffe fusseln sehr beim Zuschneiden. Deshalb stets den Stoff von der Rückseite ausschneiden und dabei die Schere dicht am Trägergewebe entlang führen.
Nach dem Verstürzen von Plüschstoffen bleiben meist die Fasern in der Naht hängen, was diese unschön zum Vorschein bringt. Mit einer Stecknadel können die Fasern aber leicht herausgezogen werden und die Naht wird unsichtbar.

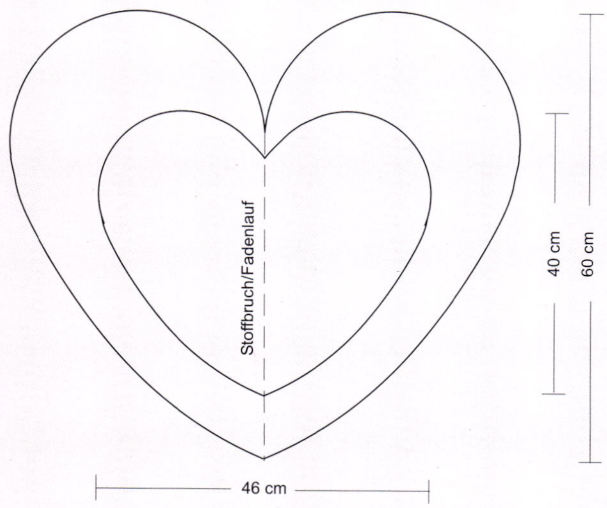

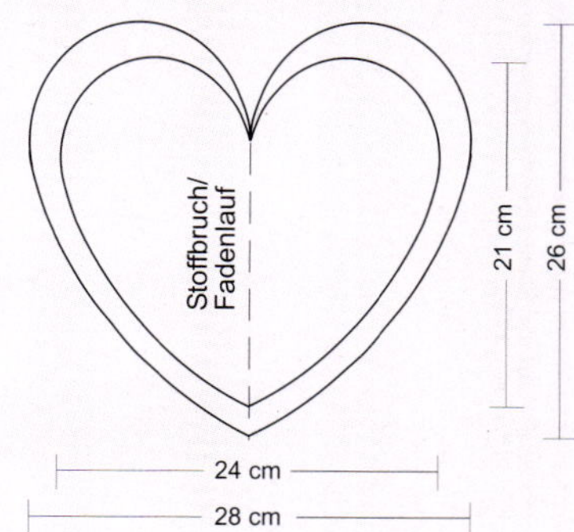

Fedrig, fransig schwingen die Organdistreifen über das Kissen

Grüne Kissen

Größe

Smaragd-Kissen
24 x 30 cm
Grünes Kissen
36 x 36 cm
Lederimitat-Kissen
36 x 24 cm

Schwierigkeitsgrad

◆◆

Fantastische Unikate

Extravagant in Farbe und Material – drei avantgardistische Exemplare als ungewöhnlicher Blickfang. Durchscheinender Organza, eigenwillig ausgefranst, oder glänzendes Straußenleder, aus pflegeleichtem Imitat, garantieren allein schon, dass es ein unkonventionelles Einzelstück wird. Die Farbe jedoch, die setzt das I-Tüpfelchen.

MATERIAL

Für die Hüllen:

- 1,2 m Organdi in Grün, 150 cm breit
- 1 m Organdi in Smaragd, 150 cm breit
- 0,5 m Straußenlederimitat in Grün, 150 cm breit

Für die Inletts der Organdikissen:

- je 40 cm Baumwollstoff in Grün, 140 cm breit
- Zauberwatte

SO WIRD ES GEMACHT

Kisseninletts

Sie sind etwas kleiner als die Hüllen, damit diese locker die Inletts umspielen.

1. Für das smaragdfarbene Kissen zwei Rechtecke mit 22 x 28 cm, für das grüne Kissen zwei Quadrate mit 34 x 34 cm, jeweils mit 1 cm Nahtzugabe ringsum, zuschneiden.

2. Zwei gleiche Teile rechts auf rechts aufeinander legen und an drei Seiten absteppen. Dann wenden und mit Zauberwatte füllen.

3. Die Nahtzugabe der offenen Seite nach innen bügeln und knappkantig absteppen.

Smaragdfarbenes Kissen

1. Wie im Grundkurs auf Seite 9 erklärt, im Abstand von 9 cm diagonale Streifen aufzeichnen und ausschneiden. Daraus 16 Streifen à 34 cm Länge zuschneiden. Die Ränder auf 1,5 cm beidseitig ausfransen.

2. Für Vorder- und Rückteil jeweils acht Streifen mit der Nähmaschine aneinander steppen. Die Nahtzugabe beträgt dabei 1,5 cm nach der Fransenkante und zeigt nach außen.

3. Die beiden Teile rechts auf rechts legen und feststecken. An zwei Seiten (an den Schmalseiten der Streifen) die Naht schließen, dann das Kissen wenden.

4. Das Inlett einschieben. Die Nahtzugabe von 1,5 cm, der offenen Seiten, vorsichtig nach außen bügeln und die Naht absteppen.

Dunkelgrünes Kissen

1. Wie das smaragdfarbene Kissen nach der Anleitung auf Seite 9 arbeiten. Hier werden jedoch zwölf Streifen mit 18 cm Breite und 39 cm Länge zugeschnitten.

2. Die Streifen über 3 cm ausfransen und für die Nahtzugabe zusätzlich 3 cm in die Naht fassen - die Nahtzugabe zeigt später nach außen.

3. Nach dem Verstürzen die offenen Seiten, mit einer Nahtzugabe von 3 cm, steppen.

Lederimitatkissen mit Biesen

1. Zwei Rechtecke mit den Maßen 41 x 24 cm auf die linke Stoffseite zeichnen und mit 2 cm Nahtzugabe ringsum zuschneiden.

2. Jetzt auf der Vorderseite alle 6 cm fünf Biesen mit 1 cm Breite absteppen. Bei Kunstleder empfiehlt sich ein Teflon- oder Kunststofffüßchen.

3. Die beiden Teile rechts auf rechts legen und an drei Seiten die Naht schließen.

4. Das Kissen wenden und mit Zauberwatte füllen.

5. Die Nahtzugabe der offenen Kante einschlagen und die Seite knappkantig absteppen.

Witziges Detail:
Ein Stoffglöckchen krönt
die Pyramidenspitze

Pyramidenkissen

Größe
34 x 34 x 30 cm
Schwierigkeitsgrad
◆

Trio Venezia

Kleiner Trick, schneller Kniff und schon wird aus einem einfachen Kissen eine zipflige Pyramide. Die Tuffs aus fröhlich schimmernden Stoffen, am besten in zwei aufeinander abgestimmten Farbtönen, schenken jedem Wohnraum ein wunderschön sonniges Flair.

MATERIAL

Für ein Kissen:
- 0,60 m Jacquardstoff, 140 cm breit
- Stoffreste für die Kissenfüllung
- 1 Reißverschluss, 20 cm
- Zauberwatte
- Zackenschere
- Untertasse oder Kreisschablone mit 12 cm Ø
- Schnittpapier

SO WIRD ES GEMACHT

1. Ein Rechteck im Format 60 x 34 cm auf die linke Stoffseite zeichnen und mit ringsum 1,5 cm Nahtzugabe mit der Zackenschere ausschneiden. Bei Stoffen mit Streifenmuster wird der Schnitt im schrägen Fadenlauf aufgezeichnet; unifarbene Stoffe oder Stoffe mit richtungslosen Mustern brauchen daher weniger Stoff pro Kissen, 40 cm reichen dann aus.
2. Den zugeschnittenen Stoff auf der langen Seite rechts auf rechts zur Hälfte legen und die beiden sich gegenüberliegenden offenen Seiten schließen.
3. Die offene Seite wird jetzt so auseinander gezogen, dass die beiden zugenähten Seiten mittig aufeinander liegen. Durch diesen Handgriff wird das Rechteck zur Pyramide. Die offene Naht oben und unten 5 cm zusteppen.
4. Die Kissenhülle verstürzen und die Nahtzugabe der offenen Kante nach innen bügeln.
5. Den Reißverschluss verdeckt einheften und knappkantig absteppen.
6. Damit die Pyramide „Stand" bekommt, wird auf gleiche Weise ein zweites Kissen (ohne Reißverschluss) aus Stoffresten gearbeitet.
7. Dieses mit Zauberwatte füllen, dann die offene Naht schließen und in das erste Kissen stecken.
8. Zum Schluss an der Spitze mit einem langen Stiel ein Glöckchen befestigen. Wie es gemacht wird, steht im Grundkurs auf Seite 9.

Mit tierfreundlichem Webpelz ist das Kissen im Handumdrehen fertig

Plüschkissen

Größe

Kleines Wollkissen
30 x 20 cm
Schwarzes Plüschkissen
50 x 40 cm
Bodenkissen
70 x 70 cm

Schwierigkeitsgrad

◆

Flauschig weich

Strukturstoffe, die viel hermachen, brauchen nicht viel Nähaufwand, um zu wirken. Für alle Nähanfänger gibt es hier das 1 x 1 der Erfolgserlebnisse. Schnell und bequem, mit Stoffen, die fast alles verzeihen, kommen Sie sicher ans Ziel. Auf die Kissen, fertig, los!

MATERIAL

- 0,30 m Wollstoff in Grau-Weiß, 140 cm breit
- 0,50 m Plüsch in Schwarz, 140 cm breit
- 0,80 m Wellenplüsch in Schwarz, Grau, Beige, 150 cm breit
- 1 Reißverschluss in Schwarz, 60 cm lang für das Bodenkissen
- Zauberwatte
- Inlett, 30 x 20 cm
- Inlett, 40 x 50 cm
- Inlett, 70 x 70 cm

SO WIRD ES GEMACHT

Kleines Wollkissen in Grau-Weiß

1. Ein Rechteck mit 60 x 20 cm auf die Rückseite des Stoffs zeichnen und mit ringsum 1 cm Nahtzugabe zuschneiden.
2. Den Stoff auf der langen Seite rechts auf rechts zur Hälfte legen. Die Nähte schließen, dabei an der kurzen Seite in der Mitte 10 cm zum Wenden offen lassen.
3. Die Hülle wenden und das Inlett einlegen.
4. An der offenen Stelle die Nahtzugabe nach innen legen und die Naht von Hand zunähen.

Schwarzes Plüschkissen

1. Ein Rechteck mit 100 x 40 cm auf die linke Seite des Plüschs zeichnen und mit einer Nahtzugabe von ringsum 1 cm zuschneiden.
2. Weiter, wie beim kleinen Wollkissen erklärt, arbeiten.

Bodenkissen aus Wellenplüsch

1. Ein Rechteck mit 140 x 70 cm auf die linke Stoffseite zeichnen und mit 1 cm Nahtzugabe an der langen Seite und 2 cm an der kurzen Seite zuschneiden.
2. Den Stoff auf der langen Seite rechts auf rechts zur Hälfte legen. Die Nähte schließen, dabei an der einen Seite in der Mitte 60 cm offen lassen. Die Hülle wenden.
3. Den Reißverschluss in die Öffnung heften und absteppen oder von Hand mit kleinen Steppstichen annähen. Da der lange Flor des Stoffs sich gerne im Reißverschluss verheddert, ist es ratsam ihn nicht verdeckt, sondern so einzunähen, dass die Zähnchen zu sehen sind.

Schönheiten aus der Knopfschatulle aus Perlmutt und Glas

Aus der Schatztruhe

In jeder Knopfkiste fristen wunderschöne Perlen und Knöpfe einsam ihr Dasein. Auf weichem, roten Samt gebettet, bekommen sie einen ehrenvollen Platz, um in neuem Glanz zu erstrahlen.

Perlen und Knöpfe

Größe

35 x 24 cm

Schwierigkeitsgrad

◆◆

MATERIAL

- 0,50 m roter Baumwollsamt, 120 cm breit
- 5 Glasknöpfe in Grün
- 7 Wachsperlen, 12 mm Ø
- 13 Metallperlen „Olive" in Hellgrün
- 16 Metallperlen in Silber
- 55 Rocailles in Grün, 4 mm Ø
- 16 Regenbogenperlen in Grün, 6 mm Ø
- 15 Tropfenperlen in Grün, 5 mm Ø
- evtl. 1 Stickrahmen
- Nylonfaden, 0,3 mm stark
- Inlett, 24 x 35 cm

SO WIRD ES GEMACHT

1. Auf die linke Stoffseite ein Rechtseck im Format 100 x 24 cm zeichnen, rundum 2 cm Nahtzugabe anzeichnen und ausschneiden.

2. Nun das Rechteck mit Schneiderkreide und Lineal einteilen. Parallel zur kurzen Seite nach 2 cm, 23,5 cm, 35 cm, 23,5 cm und 2 cm eine Linie markieren. Dabei bildet die große Fläche, 35 x 24 cm, die Vorderseite des Kissens, die auch bestickt wird. Rechts und links davon sind die überlappenden Rückseiten, die für einen Hotelverschluss typisch sind.

3. Nun die Mitte der Vorderseite mit Nylonfaden mit Perlen und Knöpfen laut Schemazeichnung auf Seite 45 besticken. Die Rocailleperlen werden zum Schluss auf einen Nylonfaden aufgefädelt und um die grünen Glasknöpfe geknotet. Zum Sticken empfiehlt sich ein Stickrahmen, der die Arbeit wesentlich erleichtert.

4. Das Kissen wird mit Hotelverschluss gearbeitet. An den kurzen Seiten die Nahtzugabe (= Einschlag) + 2 cm Umschlag nach innen bügeln und absteppen. Den Stoff rechts auf rechts 12 cm überlappend aufeinander legen, die Seitennähte abstecken und die Nähte absteppen. Die Nahtzugabe an den Ecken schräg abschneiden. Durch den offenen Schlitz die Hülle wenden.

5. Zum Schluss die Wachsperlen an den Ecken anbringen. Das Inlett einlegen.

TIPP

Wer die eigene Knopfkiste plündern will, legt selbst entworfene Muster auf den Stoff. Als Geschenk lassen sich auch prima Namen mit Perlen und Knöpfen aufsticken.

Je ungewöhnlicher das Stoffdesign, desto interessanter die Wirkung

Fellkissen

Größe

40 x 60 cm

Schwierigkeitsgrad

◆◆

Tierisch gut

Auf diese tierische Promenadenmischung wird jeder Stubentiger neidisch. Ob zahme oder wilde Kissen entscheiden Sie nach Lust und Laune. Ob Schaf im Wolfspelz oder Bär im Hasenmantel – bei dieser Kissenidee gibt es die ungewöhnlichsten Artgenossen.

MATERIAL

- 0,70 m Langhaarplüsch in Weiß, 150 cm breit
- 0,70 m Tierfellimitat in Grau, 150 cm breit
- Reißverschluss in Schwarz, 50 cm
- Zauberwatte oder Inlett, 40 x 60 cm

SO WIRD ES GEMACHT

Langhaarkissen

1. Den Langhaarplüsch 80 x 60 cm ohne Nahtzugabe zuschneiden.

2. Den Plüsch an der langen Kante rechts auf rechts zur Hälfte legen und die Nähte heften und darauf achten, dass die Fasern schön nach innen liegen. Die Nähte steppen, dabei an einer Seite 15 cm offen lassen.

3. Die Kissenhülle wenden. Mit Zauberwatte oder einem Inlett füllen und die offene Naht von Hand schließen.

Tierfellkissen

1. Das Fellimitat laut Schnitt mit zusätzlich 2 cm Nahtzugabe zuschneiden.

2. Die kurzen Seiten rechts auf rechts legen und beidseitig über 5 cm schließen.

3. Das Teil wenden. In die Öffnung den Reißverschluss einnähen.

4. Anschließend nochmal auf die linke Seite wenden und an den Bruchkanten aufeinander legen, so dass der Reißverschluss in der Kissenmitte liegt. Dann die beiden restlichen Seitennähte schließen.

5. Die Kissenhülle wenden.

6. Das Langhaarkissen einstecken und den Reißverschluss offen lassen.

TIPP

Durch das Zuschneiden des inneren Kissens ohne und des äußeren mit Nahtzugabe, passen die beiden besser übereinander. Denn das innere Kissen wird so automatisch etwas kleiner.

Wer keine Lust auf Tiere hat, der kann sich natürlich auch andere Stoffkombinationen aussuchen. Florale Blütenranken versteckt in klaren Streifen, grüne Kissen in roten Hüllen oder bunte Tupfen mit kariertem Innenleben.

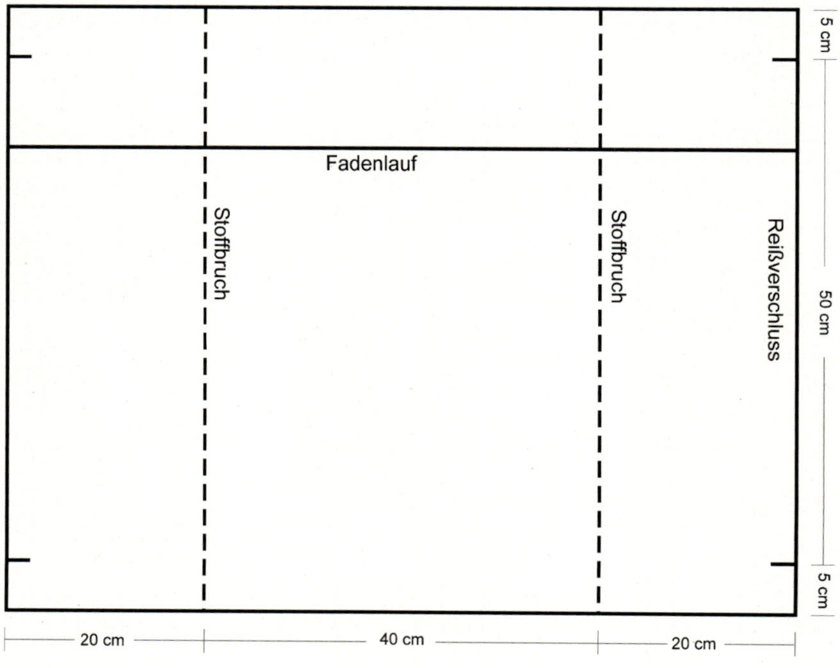

ND WHITE
WH BL

Flowerpower im Stil der Siebzigerjahre gefällt vor allem Teenies

Love-Kissen

Größe

32 x 32 cm

Schwierigkeitsgrad

◆

LOVE-Letter

Wer kann hier noch behaupten, die Liebe kommt und sie geht? Diese Liebe bleibt im Zweifelsfall sogar artig auf Ihrem Sofa sitzen. Rosarot, auch ohne Brille, können Sie sich fallen lassen, nach Herzenslust kuscheln und träumen.

MATERIAL

Für vier Kissen:

- 0,80 m Feincord in Rot, floral bedruckt, 150 cm breit
- für die Buchstaben jeweils 30 x 30 cm große Feincord-Stoffreste in Rosa, Rot-Weiß-kariert und Rosa gemustert
- 30 x 120 cm Vliesofix
- 4 rote Reißverschlüsse, à 25 cm
- 4 Inletts, 32 x 32 cm
- Zackenschere

SO WIRD ES GEMACHT

1. Zunächst die Buchstaben vorbereiten. Die Vorlage für die Buchstaben (Seite 44) im Copyshop seitenverkehrt auf ca. 26 cm vergrößern oder selbst zeichnen.
2. Die Buchstaben auf die Papierseite des Vliesofixes übertragen. Dann die so verstärkten Buchstaben großzügig ausschneiden. Mit der Klebeseite nach unten auf die linke Stoffseite der jeweiligen Stoffreste aufbügeln, dabei das Bügeleisen auf höchster Stufe einstellen. Danach die Buchstaben exakt ausschneiden und das Trägerpapier abziehen.
3. Für die Kissen acht Quadrate à 35 x 35 cm mit der Zackenschere zuschneiden. Innerhalb der Zuschnitte ringsum 1,5 cm Nahtzugabe einzeichnen.
4. Die Buchstaben auf der rechten Stoffseite mittig ausrichten, aufbügeln und mit einem Zierstich applizieren.
5. Jeweils ein Buchstaben- und ein leeres Quadrat rechts auf rechts legen und zusammenstecken. Die Nähte schließen, dabei an der unteren Seite eine 25 cm lange Öffnung für den Reißverschluss frei lassen. Die Nahtzugabe an den Ecken zurückschneiden.
6. Die Kissenhülle wenden. Die Nahtzugabe an der Öffnung umbügeln und den Reißverschluss verdeckt einnähen.
7. Die Inletts einschieben und den Reißverschluss schließen.

thinkpink

Paspel können fertig gekauft oder mit etwas Geschick auch selbst hergestellt werden – wie, wird in der Anleitung erklärt

Modern Style

Edle Designerstoffe mit opulenten Mustern, dazu klare Konturen, gezeichnet mittels einer feinen Paspelierung – diese Komposition verwandelt einen einfachen Sessel im Handumdrehen zum Laufsteg aktueller Wohnkultur.

Paspelkissen

Größe

45 cm x 30 cm

Schwierigkeitsgrad

◆◆

MATERIAL

- je 0,50 m Jacquardstoff mit Blumenmotiv in Braun und in Pink, 140 cm breit
- je 0,70 m Baumwollstoff, 140 cm breit in Pink und Türkis
- 2 x 1,5 m Parkakordel, 4 mm Ø
- 2 Inletts, 45 x 30 cm

SO WIRD ES GEMACHT

1. Die Schnittteile maßstabsgetreu auf den Stoff übertragen und mit ringsum 1 cm Nahtzugabe zuschneiden.

2. Für die Paspel aus dem Baumwollstoff diagonal zwei Streifen à 77 x 4 cm in Pink und Türkis zuschneiden. Der schräge Fadenlauf ist wichtig, damit sich die Paspel später gut um die Ecken legen lässt.

3. Die Schmalseiten der Streifen 1 cm breit zusammensteppen und die Nahtzugabe auseinander bügeln. Danach die Parkakordel mittig auf den Streifen legen, den Stoffstreifen längs zur Hälfte legen. Dicht neben der Kordel (die nun innerhalb eines Tunnels liegt) knappkantig absteppen.

4. Die fertige Paspel nun auf die rechte Seite des Blumenstoffes bündig am Rand entlang legen, so dass die Nahtzugaben aufeinander liegen - Paspel zeigt nach innen. Mit Heftfaden anheften.

5. Für den Hotelverschluss der Kissenrückseite an der geraden Kante der beiden Rückteile einmal 1 cm und einmal 2 cm nach innen bügeln. Knappkantig absteppen.

6. Die beiden Rückteile rechts auf rechts auf das Vorderteil legen; die Rückteile überlappen dabei. Die Naht heften, dann absteppen. Beim Absteppen möglichst nah an der Kordel entlang nähen, das geht am besten mit einem Reißverschlussfuß. Die Nahtzugabe an den Kurven einschneiden.

7. Das Kissen wenden und das Inlett einlegen.

TIPP

Kissenfüllungen, die so genannten Inletts, gibt es oft sehr günstig im Handel. Sollte nicht die gewünschte Größe vorrätig sein, nehmen Sie einfach ein etwas größeres Kissen, trennen es auf und entnehmen etwas von der Füllung. Im passenden Format an zwei Seiten absteppen, den überschüssigen Stoff wegschneiden und schon hat es die richtige Größe.

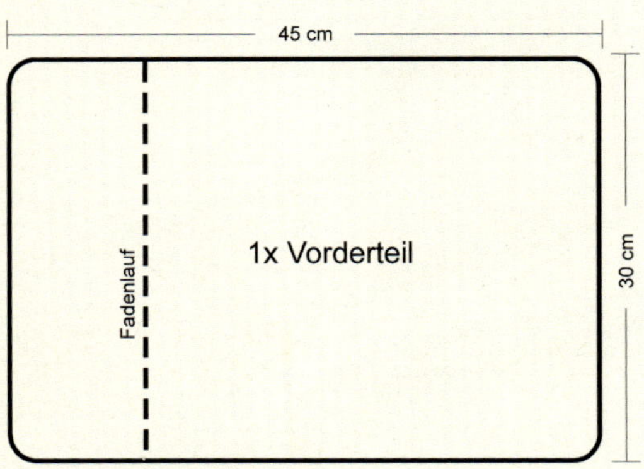

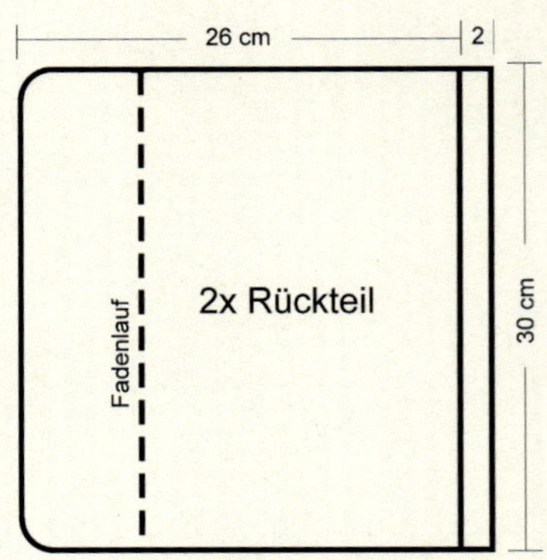

Da bei Filz keine Ränder versäubert werden müssen, werden die Knopflöcher einfach in das Material geritzt

Kissenreihe

Größe

40 x 40 cm

Schwierigkeitsgrad

◆◆

Es grünt so grün

Diese Kissenreihe hat's in sich. Aneinander geknöpft kann sie sowohl als Sitzauflage wie auch als Rückenlehne dienen. Einzeln, schnell unter den Arm gepackt und zur Sommerabendparty mitgenommen, können die Kissen genauso gut auf einer Bierbank liegen. Aufpassen, dass niemand sie Ihnen abknöpft!

MATERIAL

- je 40 cm Designfilz, 3 mm stark, 160 cm breit, in Türkis, Maigrün und Oliv
- 102 Perlmuttknöpfe in Grün
- 6 Schaumstoffplatten, 30 x 30 x 1,5 cm
- Cutter
- Rollschneider
- Schneideunterlage

SO WIRD ES GEMACHT

1. In jeder Farbe zwei Quadrate, einmal mit 40 x 40 cm und einmal mit 34 x 34 cm, zuschneiden. Das geht am besten mit einem Rollschneider und einem Metalllineal; so entstehen exakte Kanten. Für die Schlaufen von den Filzresten in jeder Farbe zwei Streifen mit 3,5 x 22 cm schneiden.
2. Den Schaumstoff im Fachhandel zuschneiden lassen oder selbst mit Cutter und Metalllineal auf einer Schnittunterlage schneiden.
3. Den Schaumstoff und die kleine Filzplatte mittig auf der großen platzieren und aneinander heften. Der überstehende Rand bildet die Knopfleiste. Nun mit drei parallel verlaufenden Stepplinien absteppen - siehe Abbildung. Beim Zusammennähen die Fadenspannung etwas lockern.
4. Jetzt festlegen, welche Kissen innen und welche außen angebracht werden sollen, denn nur die äußeren erhalten rundum Knöpfe, die inneren nur oben und unten.
5. Die Knöpfe verteilen und annähen.
6. Für die Knopflöcher an den inneren Kissen quer zum Rand mit Bleistift Striche zeichnen, die 2 mm länger als der Knopfdurchmesser sein müssen. Die Striche mit dem Cutter aufritzen. Genauso an einem Ende jeder Schlaufe quer ein Knopfloch ritzen.
7. Zum Schluss die Schlaufen für die Aufhängung der oberen Kissenreihe von Hand auf den Kissenrückseiten annähen. Darauf achten, dass sie so weit überstehen, dass sie über die Bankstrebe gehängt werden können.

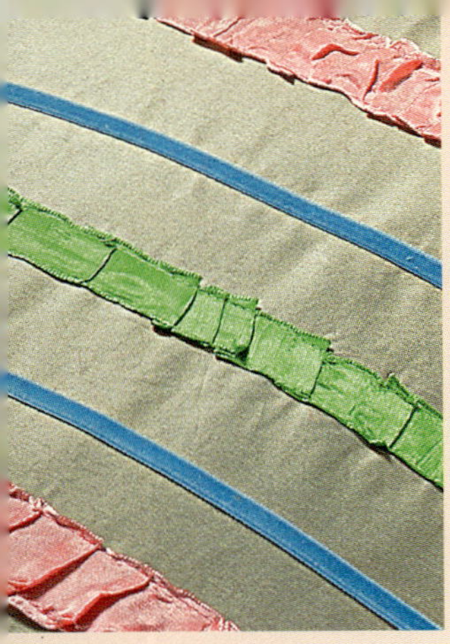

Eine ideale Möglichkeit, Geschenkbandreste zu verwerten

Am laufenden Band

Die Mischung macht's. Schlichte Stoffe, farbenfroh mit Bändern aufgepeppt, kontrastreich kombiniert und fröhlich inszeniert. Bei der großen Auswahl an Zierbändern fällt die Auswahl schwer, doch ist sicher für jeden Geschmack das passende dabei.

Bänder-Bodenkissen

Größe
66 x 46 x 8 cm
Schwierigkeitsgrad
◆◆◆

MATERIAL

- 0,50 m Baumwollchintz in Oliv, 140 cm breit
- 0,30 m Cordstoff in Türkis, 140 cm breit
- 2 m Samtband in Türkis, 1 cm breit
- 1 m Satinband in Grün, 1 cm breit
- 2 m Geschenkband in Rosa, 4 cm breit
- 2 m Geschenkband in Lila, 3 cm breit
- 1 m Geschenkband in Grün, 3 cm breit
- 1 Reißverschluss, 50 cm
- 0,60 m Vliesofix
- Kopfkissen, 80 x 80 cm

SO WIRD ES GEMACHT

1. Die Schnitte für Vorder- und Rückteile maßstabsgetreu auf die linke Stoffseite aufzeichnen und mit 2 cm Nahtzugabe (außer an den Reißverschlusskanten, da sie schon im Schnitt vorhanden sind) zuschneiden. Wer den Stoff mit der Zackenschere zuschneidet, muss diesen nachher nicht versäubern.
2. Die beiden Rückteile rechts auf rechts legen und beidseitig über 8 cm zusammensteppen. Die Nahtzugabe auseinander bügeln und durch Umkurbeln versäubern.
3. Den Reißverschluss verdeckt einsetzen.
4. Nun die Bänder vorbereiten. Für die schmalen Samt- und Satinbänder zunächst 1 cm breite Vliesofixstreifen schneiden und auf die Rückseite aufbügeln. Die Länge der Bänder auf Vorderteilbreite abschneiden.
5. Die Geschenkbänder wie folgt kräuseln. Am besten das rosa- und lilafarbene Band in zwei Teile schneiden, dann lässt es sich besser kräuseln. An beiden Außenkanten mit dem größten Steppstich knappkantig zweimal absteppen, dann die Unterfäden vorsichtig anziehen, so dass sich das Band kräuselt.
6. Alle gekräuselten Bänder nach Belieben auf dem Vorderteil anordnen und knappkantig aufsteppen. Danach die Kräuselfäden wieder entfernen.
7. Für den Kissensteg aus dem blauen Cordstoff zwei Streifen mit 12 cm Breite (beidseitig 2 cm Nahtzugabe inklusive) und ca. 115 cm Länge zuschneiden.
8. Den Streifen (um die exakte Länge festzulegen) um die Kissenplatte legen, dann an den schmalen Seiten zusammensteppen.
9. Diesen Streifen rechts auf rechts an das Vorderteil heften, dabei an den Kurven den Stoff einschneiden, damit er sich besser der Biegung anpasst. Die Naht steppen. Nun noch das Rückteil genauso an den Streifen nähen.
10. Die Kissenhülle wenden und das Kopfkissen-Inlett einlegen. Wem das zu weich ist, der lässt sich eine Schaumstoffplatte zuschneiden.

TIPP

Dieses Kissen ist etwas aufwändiger in der Verarbeitung. Wem das zu schwer ist, der kann die Bänder ungekräuselt aufsteppen. Noch leichter wird es, wenn man den Steg aus blauem Cord einfach weg lässt.

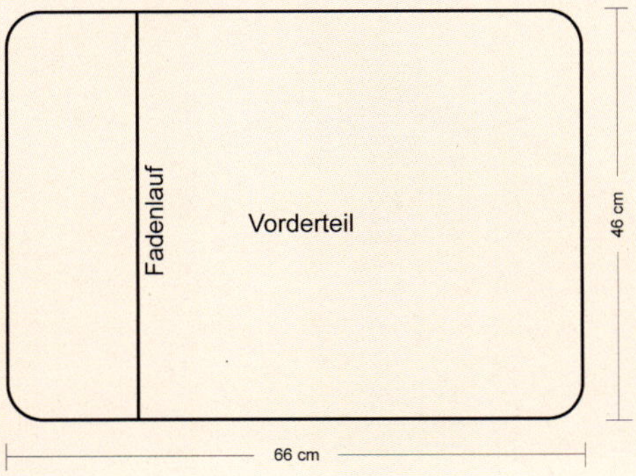

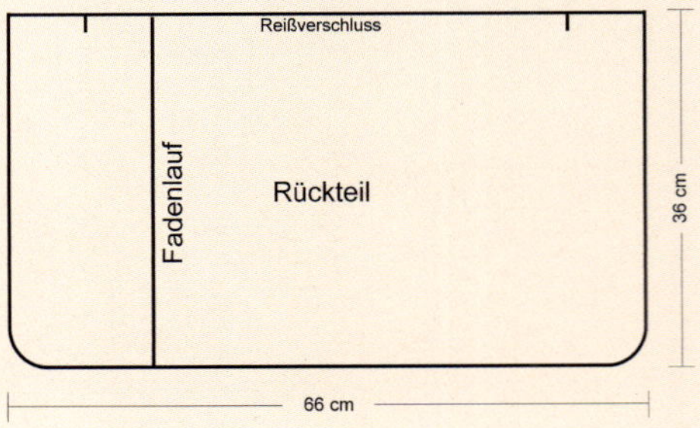

think

Weil die Rosen bereits auf dem Stoff abgesteppt sind, erheben sie sich schön plastisch. Wer mag, füttert sie noch etwas aus

Rosenkissen

Größe
60 cm Ø
und 45 cm Ø

Schwierigkeitsgrad
♦♦

Auf Rosen gebettet

Ob wohl Madame Pompadour auch solch eine elegante Sitzoase in ihrem Boudoir hatte? Oder die Prinzessin auf der Erbse etwa? Wer's ganz stilecht mag, näht gleich ein halbes Dutzend Rosen auf. Fehlt nur noch der Prinz!

MATERIAL

für das Kissen mit Quaste:

- 0,80 m Steppstoff in Bordeaux, 140 cm breit
- 0,70 m Baumwollstoff in Weinrot, 140 cm breit für das Inlett
- Zauberwatte
- 1 Quaste mit Schnur in Altrosa
- 1 Knopf

für das Rosettenkissen:

- 0,50 m Samt, 140 cm breit, in Aubergine
- 0,60 m Baumwollstoff in Dunkelrot, 140 cm breit, für das Inlett
- Zauberwatte
- Steppstoffreste in Bordeaux für die Blüten
- 2,80 m Satinband in Grün, 1,5 cm breit

SO WIRD ES GEMACHT

Kissen mit Quaste

1. Den Baumwollstoff zur Hälfte legen und mit Stecknadeln fixieren. Mithilfe einer in den Bruch gesteckten Stecknadel, an der ein Faden und in 30 cm Entfernung ein Stift befestigt ist, einen Halbkreis ziehen. Den Halbkreis mit 2 cm Nahtzugabe ausschneiden - ergibt einen Kreis mit 64 cm Durchmesser. Einen zweiten Kreis aufzeichnen und ausschneiden.

2. Die beiden Baumwollkreise rechts auf rechts legen und die Naht absteppen, dabei eine 20 cm große Öffnung frei lassen. Die Nahtzugabe in gleichmäßigen Abständen einschneiden.

3. Das Inlett wenden, mit Zauberwatte füllen und die Öffnung schließen.

4. Das Gleiche mit dem Steppstoff bis zum Wenden wiederholen.

5. Nun in das Zentrum des Kreises ein kleines Loch schneiden. Hier hinein die Kordel der Quaste stecken und von der Rückseite das Loch von Hand zunähen.

6. Das Baumwollinlett einlegen und die Öffnung schließen.

7. Abschließend in der rückwärtigen Mitte einen Knopf anbringen. Diesen durch alle Stofflagen hindurch annähen, so dass in der Kissenmitte eine Vertiefung entsteht.

Rosettenkissen

1. Dieses Kissen aus Samt und das Inlett aus Baumwollstoff prinzipiell wie das Kissen mit Quaste arbeiten, jedoch den Kreis nur mit 45 cm Durchmesser plus Nahtzugabe zuschneiden.

2. Für die Rosen aus dem Steppstoff sieben Kreise (12 cm Ø) mit einer Steppblüte in der Mitte ausschneiden. Ca. 0,5 cm vom Rand entfernt einen Faden einziehen, die beiden Fadenenden so zusammenziehen, dass der Rand sich 1 bis 1,5 cm nach innen kräuselt. Die Blüten vorsichtig bügeln.

3. Das Satinband in 40 cm lange Stücke schneiden, jeweils zwei Schlaufen legen und mit ein paar Stichen unter der Blüte fixieren.

4. Die Rosen auf dem Kissen verteilen und annähen.

Ornamentkissen, **Seite 20**

Love-Kissen, **Seite 34**

Rosa Mohairkissen, **Seite 12**

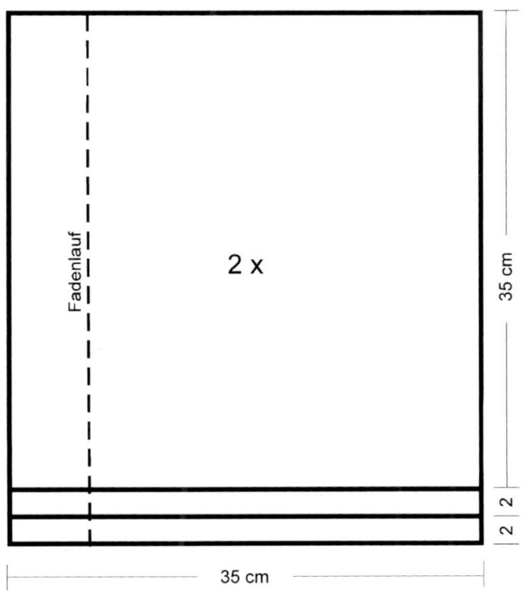

Kissen mit Röschen, **Seite 12**

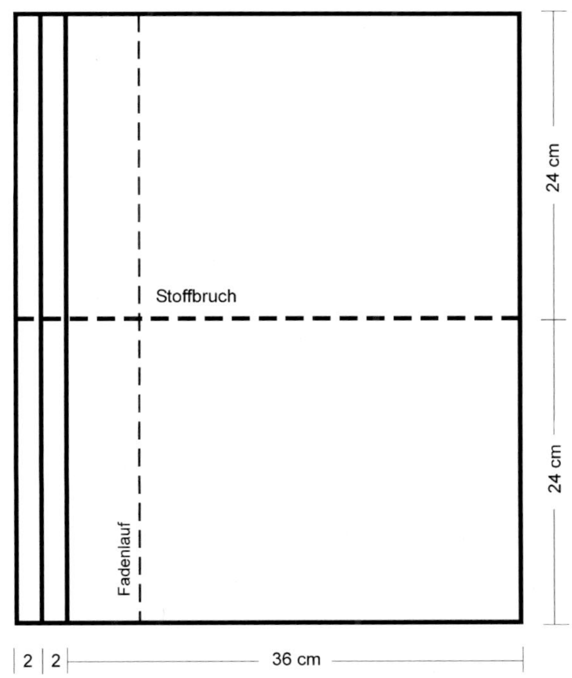

Perlen und Knöpfe, **Seite 30**

Impressum

Entwürfe und Realisation:
Petra Hoffmann
Kreative Mitarbeit:
Susanne Vollmer-Gerhard
Redaktion:
Anke Sturm
Lektorat:
Maria Böhly-Maier
Fotos:
Jürgen Fey (Seiten 6 bis 9);
Hermann Mareth (Seiten 12, 13, 17, 19, 21, 23, 24, 26, 29, 31, 32, 33, 38, 41, 42);
Uzwei, Uwe Bick (Seiten 11, 15, 25, 26/27, 34/35, 37, 43);
Uzwei, Arthur Müller (Seite 38/39)
Styling:
Petra Hoffmann (Seiten 6 bis 9);
Karin Schlag (Seiten 11 bis 41)
Vorlagenzeichnungen:
Christina Michaelis (Seite 20);
Annette Mucha (alle anderen)
Umschlaggestaltung:
Dirk Beestermöller
Layout:
Dieter Richert, www.designreporter.com
Reproduktion:
Baun PrePress, Fellbach
Druck und Bindung:
L.E.G.O., Italien

ISBN 3-89858-749-5

Danksagung

Die Autorin dankt folgenden Firmen für ihre freundliche Unterstützung:
Stoffe:
Apelt Stoffe, Oberkirch (Seiten 11, 27);
Osborn & Little, London (Seite 37);
Zweigart & Sawitzki, Sindelfingen (Seite 37);
Karstadt, Essen (Seiten 15, 17, 19, 23, 25, 27, 29, 31, 33, 41, 43);
www.filzshop24.de (Seiten 21, 39);
www.diestoffinsel.de (Seiten 13, 29, 35);
www.esro.de (Seite 29, 43);
www.stoff-versand.de (Seite 24, 25)
Zubehör:
Freudenberg Vliesstoffe KG, Heidelberg;
Prym Consumer GmbH & Co. KG, Stolberg
Perlen und Knöpfe:
Union Knopf, Bielefeld;
Gütermann AG, Gutach/Breisgau;
Rayher Hobby GmbH (über den Hobby- und Bastelfachhandel)
Kissen-Inletts:
IKEA, Hofheim-Wallau
EBI Reliefsticknadel über:
Irene Ebert, Schifferstadt
ireneebert@aol.com

Die Fotos der Seiten 13, 17, 19, 21, 23, 24, 29, 31–33, 41 wurden mit freundlicher Genehmigung im Einrichtungshaus Lohmüller raum-design (www.lohmueller-einrichten.de) in Lörrach produziert.
Für die Requisiten bedanken wir uns bei den Firmen: Car selbstbau (Henstedt/Ulzburg), IKEA Einrichtungshaus GmbH (Hofheim-Wallau), Sia Deutschland GmbH (Trier) und Impressionen Versand (Wedel).